GIGANTESQUES LONGUEURS ET AUTRES VASTES MÉGASTRUCTURES

Ian Graham

Traduction : Josée Latulippe

Catalogage avant publication de Bibliothèque et Archives nationales du Québec et Bibliothèque et Archives Canada

Graham, Ian, 1953-

Gigantesques longueurs et autres vastes mégastructures

Traduction de: Gigantic lengths and other vast megastructures.
Comprend un index.
Pour les jeunes de 9 à 13 ans.

ISBN 978-2-89579-485-1

1. Ponts – Ouvrages pour la jeunesse. 2. Tunnels – Ouvrages pour la jeunesse. I. Titre.

TG148.G7214 2013   j624.2   C2012-941683-5

Dépôt légal – Bibliothèque et Archives nationales du Québec, 2013
Bibliothèque et Archives Canada, 2013

Titre original: *Gigantic Lengths and other Vast Megastructures* de Ian Graham (ISBN 978-1-84835-657-3) © 2011 QED Publishing,
une division de Quarto Group Company, 230 City Road, London EC1V 2TT.

Conception graphique: Malcolm Parchment et Jonathan Vipond
Illustrations: Apple Illustration et Caroline Watson

Photos:
(h = haut, b = bas, g = gauche, d = droite, c = centre, C1 = page couverture)
12-13 David Lee Photography; 13 Lee Jackson; 14 BLS AG; 24-25 Markuskun; 30-31 Femern AS **Alamy** 7h Thomas Jackson;
14-15 qaphotos.com; 15 qaphotos.com; 21 Dominic Twist; 25 David R. Frazier Photolibrary, Inc.; **Corbis** 5b Mark Thiessen/
National Geographic Society; 8 ImagineChina; 9h Frederic Stevens/epa; 30 Jacques Langevin/Sygma; 20-21 Andrew
Kendrick/Garde côtière américaine; 22-23 Stringer/Chine/Reuters; 29 Bettman; 30 Jacques Langevin/Sygma; **Dreamstime**
7b Redeyed; **Getty Images** 12 Cleland Rimmer/Fox Photos; 20b AFP; 26 Hulton Archive; **Photolibrary** 9b Thomas Frey;
Shutterstock 4-5 Jarno Gonzalez Zarraonandia; 5h Francisco Caravana; 6-7 Laitr Keiows; 10-11 Manamana; 11h SVLuma;
11b clearviewstock; 16-17 Brendan Howard; 18-19 Antony McAulay; 19g E. Petersen; 23h Luis Santos; 26-27 Rafael Ramirez
Lee; 27 Shutterstock; 28-29 r.nagy.

Direction: Andrée-Anne Gratton
Traduction: Josée Latulippe
Révision: Sophie Sainte-Marie
Mise en pages: Danielle Dugal

© Bayard Canada Livres inc. 2013

Nous reconnaissons l'aide financière du gouvernement du Canada par l'entremise du Fonds du livre du Canada (FLC)
pour des activités de développement de notre entreprise.

Cet ouvrage a été publié avec le soutien de la SODEC. Gouvernement du Québec – Programme de crédit d'impôt
pour l'édition de livres – Gestion SODEC.

Bayard Canada Livres
4475, rue Frontenac
Montréal (Québec) Canada H2H 2S2
Téléphone: 514 844-2111 ou 1 866 844-2111
edition@bayardcanada.com
bayardlivres.ca

Imprimé en Chine

Les mots en caractères **gras** sont définis dans le glossaire, à la page 32.

Table des matières

Dessus et dessous

On construit des ponts et des tunnels depuis les temps anciens, mais ceux qu'on construit aujourd'hui sont plus gros et plus longs que jamais. Ces étonnants projets d'ingénierie permettent aux voitures et aux autres véhicules d'emprunter une route plus directe pour traverser un plan d'eau ou des montagnes.

Construire des ponts

Les premiers ponts construits étaient de simples cordages et lianes permettant d'enjamber les rivières aux temps préhistoriques. De nos jours, nous érigeons d'élégantes structures d'acier et de béton qui semblent défier les lois de la gravité. Les ponts géants édifiés aujourd'hui sont tellement longs que leur forme doit épouser la courbe de la surface terrestre.

Les tunnels

Alors que les ponts se tiennent bien haut à découvert, à la vue de tous, les tunnels se cachent sous la terre. Les tunnels les plus longs transportent de l'eau dans les villes, à partir de **réservoirs** situés à distance. Mais les tunnels les plus impressionnants sont ceux dans lesquels nous pouvons circuler : les tunnels routiers et ferroviaires. Le plus long tunnel de transport en service aujourd'hui est le tunnel de Seikan. Ce tunnel ferroviaire de 54 kilomètres de long relie les îles japonaises de Honshu et de Hokkaido, sous la mer.

MÉGAFAIT

L'aqueduc du Delaware, long de 137 kilomètres, est le plus long tunnel au monde. Il fait partie d'un réseau qui approvisionne en eau la ville de New York, aux États-Unis.

▲ *Le pont du Bosphore est un pont suspendu à Istanbul, en Turquie. Il relie l'Europe et l'Asie.*

► *Le Ponte Vecchio (le vieux pont), qui enjambe le fleuve Arno à Florence, en Italie, a été construit au 14e siècle. Comme c'était le cas pour les ponts à cette époque, il comporte des boutiques sur toute sa longueur.*

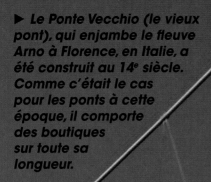

Un accélérateur de particules

À 175 mètres sous la frontière entre la France et la Suisse, on trouve un tunnel qui ne mène nulle part. En effet, il tourne en rond, formant un cercle de 27 kilomètres de circonférence. Le tunnel a été construit dans les années 1980 pour abriter un instrument scientifique appelé «Grand collisionneur électron-positron», un accélérateur de particules. Des particules subatomiques étaient lancées dans un tuyau situé à l'intérieur du tunnel de 3,8 mètres de diamètre, et les scientifiques étudiaient ce qui se passait quand elles se heurtaient. Aujourd'hui, on a placé un nouvel instrument dans le tunnel, le Grand collisionneur de hadrons.

▲ *Dans le Grand collisionneur de hadrons, des particules circulent à une vitesse proche de celle de la lumière.*

▶ Le pont d'Akashi Kaikyo, au Japon, est renforcé par des poutres de métal reliées entre elles pour former des triangles, créant une structure très solide.

Bâtir en longueur

Les ingénieurs et les concepteurs de ponts et de tunnels doivent surmonter plusieurs problèmes. Par exemple, les ponts doivent supporter tous les types de conditions atmosphériques, de la chaleur torride au froid glacial. Les tunnels doivent aussi résister au poids écrasant de la terre au-dessus.

Jeter des ponts

Les matériaux se dilatent quand ils se réchauffent. Par une journée chaude, un pont prend de l'expansion et devient plus long. On intègre des joints, appelés «joints de dilatation», dans la **chaussée** d'un pont. Ceux-ci permettent à la chaussée de s'allonger sans causer de dommages. Les ponts à arches construits avec des **poutres** d'acier se dilatent en longueur et en hauteur quand leur température augmente. On intègre des charnières à l'arche pour lui permettre de se dilater.

MÉGAFAIT

Par une journée chaude, l'arche d'acier du pont du port de Sydney peut se dilater et s'élever jusqu'à 18 centimètres. Des charnières à chaque extrémité du pont lui permettent de monter et de s'abaisser sans danger.

Résister au poids

Quand on creuse un long tunnel, il faut bien le solidifier, sinon le poids de la terre au-dessus finira par l'écraser. Pour garder la forme souhaitée à un nouveau tunnel, on le tapisse d'une épaisse couche de **béton armé**. Les tunnels profonds ont souvent une forme circulaire, très résistante.

▲ *Les piétons traversent le pont quand l'«œil» est fermé.*

▲ *La passerelle pivote vers le haut pour laisser passer les bateaux sous le pont.*

On construit souvent des ponts au-dessus de voies de circulation très fréquentées. Les ponts bas ont des sections qui s'ouvrent pour laisser passer les bateaux. Le pont du millénaire de Gateshead, qui enjambe la rivière Tyne, en Angleterre, au Royaume-Uni, laisse passer les bateaux de façon inhabituelle : les extrémités du pont recourbé restent attachées aux rives de la Tyne pendant que le reste du pont pivote vers le haut. Le mouvement d'ouverture du pont lui a valu le surnom de «Blinking Eye Bridge», le pont «clin d'œil».

Comment les construit-on ?

Les ponts et tunnels les plus longs du monde sont des projets gigantesques. Qu'ils planifient la construction d'un pont ou d'un tunnel, la première chose que font les ingénieurs est de déterminer sur quel sol ils devront travailler. Ils y creusent des trous et en recueillent des échantillons pour vérifier sa composition et sa solidité. Les ponts étant très lourds, ils doivent reposer sur du roc solide. Les constructeurs doivent donc aussi savoir à quelle profondeur se trouve la fondation rocheuse.

Construire des ponts

La première étape de la construction d'un pont consiste à bâtir des **piles**, les colonnes qui supporteront le pont. Selon le type de ponts, il faudra peut-être aussi construire de hautes tours au-dessus de certaines piles. À ces tours seront attachés les câbles qui soutiendront le **tablier** du pont. Les câbles d'un pont suspendu sont fixés à chaque extrémité du pont, à d'énormes blocs de béton appelés «**ancrages**». Ensuite, le tablier est soulevé et mis en place, section par section. Dans le cas d'un pont bas au-dessus de l'eau, on utilise une grue flottante, mais les plus grands ponts sont trop hauts pour la plupart des grues flottantes. On fait alors descendre des crochets du pont lui-même pour remonter des sections du pont qui se trouvent en dessous, sur des barges.

▶ *En 2007, les travailleurs terminaient la construction du tablier du pont de la baie de Hangzhou, le plus long pont maritime au monde, près de Shanghai, en Chine.*

► *Le viaduc de Millau, en France, a été construit à l'aide d'une technique différente de celle utilisée pour les autres ponts. Chaque moitié du tablier du viaduc a d'abord été construite, une à chaque extrémité. Puis les deux moitiés ont été glissées sur le haut des pylônes jusqu'à ce qu'elles se rejoignent au centre.*

Creuser des tunnels

Avant de construire un tunnel, les travailleurs doivent savoir dans quel type de roches ils devront creuser. Cela leur permet de décider comment bâtir le tunnel. Une technique consiste à utiliser un **tunnelier**, une machine qui se déplace sous terre à la manière d'un énorme ver de terre. À l'avant du tunnelier, un disque dentelé, appelé «tête de forage», tourne lentement, broyant la roche. Si les roches sont trop dures pour le tunnelier, on utilise plutôt des explosifs. La roche pulvérisée par les explosions est retirée du tunnel, et les parois sont recouvertes de béton.

▼ *On prépare un tunnelier géant pour le travail de percement. Derrière, on aperçoit le train de service qui servira à transporter la roche.*

MÉGAFAIT

Chacun des ancrages de béton aux extrémités du pont du Golden Gate, à San Francisco, aux États-Unis, pèse plus de 54 000 tonnes, soit plus qu'un navire de guerre.

▶ Le pont du Golden Gate pèse 804 700 tonnes. Ce poids énorme est soutenu par 2 câbles porteurs principaux, chacun constitué de 27 572 fils d'acier.

Des géants célèbres

Certains des grands ponts du monde sont si célèbres qu'on les reconnaît immédiatement. C'est le cas des ponts du Golden Gate et de Brooklyn, aux États-Unis, et du pont du port de Sydney, en Australie.

Le pont du Golden Gate

Le pont du Golden Gate enjambe la baie de San Francisco, sur la côte ouest des États-Unis. Construire un pont au-dessus de cette baie représentait un défi de taille, en raison des puissants courants océaniques, des vents forts et des risques de tremblements de terre. Quand il a été construit dans les années 1930, le pont du Golden Gate était le plus long pont suspendu au monde. Sa longueur totale est de 2,7 kilomètres, et sa travée principale mesure 1 280 mètres. La plupart des ponts sont gris ou de couleur argentée, mais le pont du Golden Gate est peint d'une couleur caractéristique, appelée «orange international».

Le pont de Brooklyn

Le pont de Brooklyn traverse l'East River pour relier Brooklyn à Manhattan, dans la ville de New York. Sa construction a duré de 1869 à 1883. Le pont de Brooklyn est un pont suspendu soutenu par deux énormes tours en **maçonnerie**, placées à 486 mètres l'une de l'autre. À son ouverture, le tablier était constitué de deux voies ferrées, avec de chaque côté une route, ainsi que d'une **allée piétonne**. Les voies ferrées ont été retirées en 1944.

◄ *Le pont de Brooklyn était le premier pont muni de câbles porteurs en acier. Jusque-là, on utilisait des câbles de fer.*

Le pont du port de Sydney

Le pont du port de Sydney, en Australie, est le plus gros pont à arches d'acier du monde. Les deux moitiés de l'arche ont été construites à partir de chaque rive du port, jusqu'à ce qu'elles se rejoignent au centre. Ensuite, le tablier a été suspendu à l'arche. Le pont a été assemblé au moyen de six millions de **rivets**, qui ont tous été installés à la main. Le pont comprend huit voies pour les véhicules, deux voies ferrées, une voie piétonnière et une piste cyclable.

◄ *L'arche du pont du port de Sydney mesure 503 mètres de long et 134 mètres de haut.*

On projetait la construction d'un pont ou d'un tunnel qui traverserait l'estuaire du Humber, au nord-est de l'Angleterre, au Royaume-Uni, depuis les années 1870, mais ce n'est qu'en 1959 qu'on a finalement commencé à travailler sur le projet. Il fallait d'abord décider si l'on construisait un pont ou un tunnel. On a choisi de bâtir un pont, parce que les géologues ont découvert que le sol sous l'eau de l'estuaire ne convenait pas au percement d'un tunnel.

Enjamber l'estuaire

Les sables mouvants dans l'estuaire indiquaient que le chenal profond emprunté par les navires était constamment en mouvement. En conséquence, le pont ne pouvait être soutenu par une série de piles traversant l'estuaire. On a donc décidé de construire un pont suspendu. Les travaux de construction ont commencé en 1973. Une pile a été érigée sur chaque rive, et une tour de béton a été construite au-dessus de chaque pile. La distance entre les 2 tours est de 1 410 mètres, et la longueur totale du pont est de 2 200 mètres. Les câbles porteurs ont été tendus entre deux énormes ancrages de béton à chaque extrémité du pont.

◄ *Les tours du pont sont si hautes que leur sommet dépasse les nuages bas qui s'installent au-dessus de l'eau.*

◄ *La tour sur la rive nord de l'estuaire commence à prendre forme, un an après le début des travaux.*

Le pont du Humber

longueur : 2200 mètres

◀ À son ouverture en 1981, le pont du Humber était le plus long pont suspendu à une travée. Il a détenu le record jusqu'à la construction du pont d'Akashi Kaikyo, au Japon, en 1998.

Poser le tablier

Le tablier a été construit en sections d'acier de 22 mètres de large, suffisamment pour y loger 4 voies de circulation. Une bande de 3 mètres ajoutée de chaque côté accueille des pistes cyclables et des voies piétonnières. Le tablier a été hissé en place, section par section, puis suspendu aux câbles. Le pont a été complété en 1981.

MÉGAFAIT

À cause de la courbure de la surface de la Terre, la distance qui sépare les tours du pont du Humber à leur sommet dépasse de 36 millimètres la distance entre les tours à leur base.

Les plus longs tunnels

Les tunnels routiers et ferroviaires peuvent réduire de plusieurs heures les trajets en offrant une route plus directe pour traverser les montagnes. Parmi les tunnels les plus longs, on trouve le tunnel ferroviaire de Guadarrama, en Espagne, ainsi que le tunnel de base de Lötschberg, en Suisse.

Le train en Espagne

En 2007 était inauguré un nouveau tunnel ferroviaire à travers les montagnes de Guadarrama, en Espagne, le quatrième plus long tunnel ferroviaire d'Europe. Le tunnel ferroviaire de Guadarrama a été construit pour accueillir des trains à grande vitesse allant jusqu'à 300 kilomètres à l'heure. Ce tunnel bitube a été sculpté dans le roc par quatre tunneliers. Deux machines ont commencé à chacune des extrémités du tunnel, avançant les unes vers les autres. Elles ont été guidées avec une précision telle que, lorsqu'elles se sont rejointes, elles n'étaient qu'à 10 centimètres d'écart. Les tunneliers ont creusé 2 tunnels de 9,5 mètres de diamètre, reliés tous les 250 mètres par des galeries transversales.

A travers les Alpes

▲ *Les 2 tubes du tunnel sont reliés entre eux tous les 333 mètres : ainsi, chacun peut servir de voie d'évacuation d'urgence en cas de problème dans l'autre tunnel.*

La chaîne de montagnes des Alpes constitue une barrière naturelle entre l'Italie et le reste de l'Europe. Depuis les années 1870, on a creusé plus d'une douzaine de tunnels à travers ces montagnes. En 2007 ouvrait le tunnel de base de Lötschberg, qui réduisait du tiers le trajet entre l'Allemagne et l'Italie. Il a été très difficile de creuser dans le sol, fait de roche dure. Certaines sections du tunnel ont pu être creusées par des tunneliers, mais la plus grande partie a dû être percée à l'aide d'explosifs.

Courts et longs

Diverses techniques peuvent être utilisées pour construire des ponts, selon la longueur de l'espace à enjamber et le genre de sol sur lequel le pont sera édifié. Les ponts courts, de quelques mètres de long, sont habituellement construits en simples ponts-poutres. La plupart des ponts les plus longs, certains mesurant plusieurs kilomètres, sont des ponts suspendus.

Le pont-poutres

Le type de ponts le plus simple est le pont-poutres, formé de poutres soutenues à chaque extrémité. Un tronc d'arbre posé par-dessus un ruisseau est un pont-poutres. Les ponts de ce genre ont probablement été les premiers à être construits. On les utilise encore aujourd'hui pour enjamber de courts espaces.

poutre

Le pont à arches

Une arche est une structure courbée qui enjambe un espace. Elle peut supporter plus de poids qu'un pont-poutres. Le poids d'un pont à arches tente de repousser les extrémités du pont. D'énormes blocs, appelés « **culées** », les maintiennent en place.

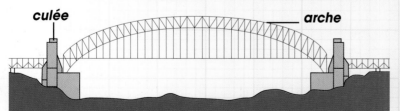

culée　　　　*arche*

En 1991, les gouvernements de la Suède et du Danemark se sont entendus pour construire un lien entre leurs deux pays. Le lien devait permettre de franchir une étendue d'eau appelée le «détroit d'Øresund» et de relier la capitale danoise, Copenhague, à la ville de Malmö, en Suède. Le lien comportait deux parties: un pont et un tunnel. Ce dernier a été choisi pour la partie danoise de la traversée, car un pont muni de hautes tours aurait représenté un danger pour les avions circulant à basse altitude près de l'aéroport de Copenhague.

Un pont haubané

Le pont de l'Øresund repose sur une série de piles de béton placées à 140 mètres les unes des autres. Une fois les piles construites, le tablier du pont a été soulevé et placé par-dessus celles-ci. Chaque section du tablier, longue de 140 mètres, pesait 6 500 tonnes. Le pont a deux tabliers superposés. Celui du haut est réservé à la circulation routière, et celui du bas, au trafic ferroviaire. Les tabliers montent légèrement à partir de chaque extrémité pour atteindre une hauteur de 55 mètres au centre. Il n'y a aucune pile sous la section centrale, afin de permettre la circulation des bateaux. Cette partie du pont est soutenue par des câbles accrochés à deux hautes tours appelées «pylônes». C'est un exemple de pont haubané.

▼ *Le pont de l'Øresund possède la plus longue travée principale haubanée du monde, avec 1 092 mètres.*

Le lien de l'Øresund

longueur totale : 16,4 kilomètres   longueur du pon

MÉGAFAIT

Pendant la construction du lien de l'Øresund, les ouvriers ont trouvé 16 bombes non explosées sur le fond marin. Les bombes avaient été larguées pendant la Seconde Guerre mondiale (1939-1945).

L'île de Peberholm

Le pont et le tunnel se rejoignent sur l'île artificielle de Peberholm. Cette île a été faite à partir de sable, de roche et de boue qu'on a **dragués** du fond marin. Plus de 7,5 millions de mètres cubes du fond marin en ont été extraits, ce qui serait suffisant pour remplir 3 000 piscines olympiques.

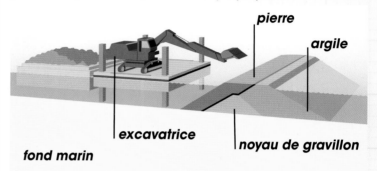

pierre

argile

excavatrice

fond marin

noyau de gravillon

▲ La digue (le mur) construite autour de l'île de Peberholm a été couverte de pierre pour la protéger des dommages causés par les vagues.

Le pont à deux étages permet la circulation des voitures (au-dessus) et des trains (en dessous)

▶ On utilise des machines de creusement de galeries pour percer des tunnels qui sont trop petits ou trop courts pour les tunneliers.

◀ Les tunneliers sont si gros qu'ils sont habituellement assemblés et démontés sous terre.

MÉGAFAIT

À la fin de sa construction, le tunnel de base du Saint-Gothard, dans les Alpes, deviendra le plus long tunnel ferroviaire au monde.

Le pont cantilever

Une poutre cantilever est soutenue à une extrémité seulement, comme une tablette. Une façon de construire un pont cantilever consiste à construire le tablier à partir des deux côtés d'une tour, de façon à ce qu'ils s'équilibrent l'un l'autre. Les deux parties du tablier sont les cantilevers.

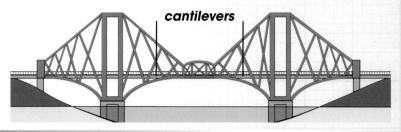

cantilevers

Le pont suspendu

Dans un pont suspendu, deux câbles sont placés entre les deux extrémités du pont. Ils passent par-dessus le sommet de hautes tours. Des câbles plus minces, appelés «**suspentes**», sont suspendus aux câbles porteurs.

le tablier est suspendu aux suspentes

tour

Le pont haubané

Dans un pont haubané, le tablier est retenu par des câbles, mais contrairement au pont suspendu, il n'y a pas de câbles porteurs courant d'une extrémité à l'autre du pont. Le tablier est plutôt suspendu à des haubans attachés aux tours du pont.

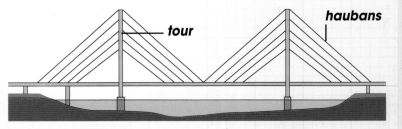

tour

haubans

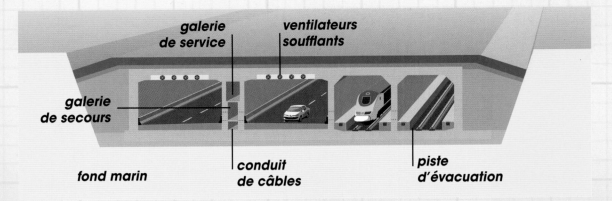

galerie
de service

ventilateurs
soufflants

galerie
de secours

fond marin

conduit
de câbles

piste
d'évacuation

▲ *Le tunnel comporte deux routes à deux voies et deux voies ferrées à l'intérieur de quatre galeries juxtaposées. En cas d'urgence, on a prévu un tunnel de secours entre les routes ainsi que des pistes d'évacuation le long des voies ferrées.*

Une ouverture royale

Un premier véhicule a circulé dans le tunnel en mars 1999. La reine Marguerite II de Danemark et le roi Charles XVI Gustave de Suède ont inauguré en 2000 le lien complet, pont et tunnel, désormais ouvert au public. Chaque année, plus de 25 millions de personnes empruntent le lien de l'Øresund, 15 millions en voiture et plus de 10 millions en train. En décembre 2010, on a ouvert le City Tunnel, un lien ferroviaire de 17 kilomètres entre le lien de l'Øresund et la gare centrale de Malmö. Il permet aux voyageurs de se rendre au centre de la ville, en passant sous les rues de Malmö.

pylônes

◀ *Le tunnel repose sur un fossé creusé dans le fond marin. Son poids total est de 1,1 million de tonnes, soit l'équivalent du poids de 10 grands bateaux de croisière.*

Le tunnel jusqu'au Danemark

Le tunnel a été fabriqué en sections dans une usine construite spécialement pour ce travail. Les sections du tunnel ont été fabriquées en béton. Chaque énorme section mesurait 176 mètres de long, 9 mètres de haut et 40 mètres de large, et pesait 55 000 tonnes. Une par une, 20 sections ont été transportées sur l'eau jusqu'à leur position respective, puis descendues des barges et disposées dans un fossé creusé dans le fond marin. Une fois placées, les sections ont été reliées. Ensuite, on a recouvert le tunnel de boue et d'argile provenant du fond marin pour l'alourdir et empêcher qu'il soit heurté par un navire ou par l'ancre d'un bateau.

emplacement : détroit d'Øresund, entre le Danemark et la Suède

Le facteur de risque

Les ponts et les tunnels font face à un certain nombre de dangers, depuis les accidents de la route jusqu'aux conditions atmosphériques extrêmes. Ces structures font l'objet d'une surveillance constante, pour détecter tout dommage ou toute détérioration et pour s'assurer qu'elles demeurent sécuritaires.

Lutter contre le froid

On répand souvent du sel sur les routes glacées pour y faire fondre la glace. L'eau salée qui est produite peut s'infiltrer dans la chaussée en béton d'un pont et faire rouiller les tiges d'acier qui s'y trouvent. En rouillant, l'acier se dilate. Si les tiges d'acier contenues dans le béton se mettent à rouiller, elles se dilatent et fissurent le béton.

MÉGAFAIT

Les pigeons peuvent représenter un grand danger pour les ponts. Comme ils aiment se percher sur les câbles et les poutres, leurs fientes rongent l'acier et l'affaiblissent.

Les forces de la nature

Profondément enfouis sous terre, les tunnels sont protégés des tempêtes susceptibles d'endommager les ponts, mais ils peuvent être détruits par les séismes qui secouent le sol. Après tout tremblement de terre, on vérifie soigneusement les tunnels, pour s'assurer qu'ils n'ont pas subi de dommages.

▲ *Quand un tremblement de terre a secoué la Suède le 16 décembre 2008, des techniciens ont vérifié l'état du tunnel de Drogden, pour s'assurer qu'il n'avait pas été endommagé. Pour ce faire, ils ont mesuré la distance entre des points fixes pour vérifier qu'ils ne s'étaient pas déplacés.*

▶ *Le pont de l'I-10, en Floride, aux États-Unis, a été endommagé par l'ouragan Ivan en 2004. Plus de 100 sections du pont ont été déplacées ou se sont affaissées.*

Des chutes de glace

Le temps froid produit parfois d'autres dangers pour la circulation sur un pont. Il arrive que de la glace s'accumule sur les câbles d'un pont et sur les **passerelles**, jusqu'à ce que des morceaux assez gros pour fracasser le pare-brise d'une voiture s'écrasent au sol. On doit parfois fermer un pont à cause du danger que représentent les chutes de glace pour les gens qui y circulent.

Le cliquetis des câbles

Certains ponts suspendus présentent un problème qui affaiblit leurs câbles porteurs. Lorsque de l'humidité s'infiltre entre les câbles d'acier qui forment les énormes câbles porteurs, les fils rouillent. En quelques années, ils commencent à se rompre. Si on néglige de vérifier la situation, d'année en année, le pont est dangereusement affaibli. En attachant des microphones aux câbles, on recueille les sons des fils quand ils se brisent. On peut stopper le problème en pompant de l'air sec à l'intérieur des câbles porteurs pour en éliminer l'humidité. Ce procédé est appelé «déshumidification».

▼ *Les câbles qui retiennent le pont autoroutier du Forth, en Écosse, en Grande-Bretagne, s'enroulent autour de supports dans des chambres de béton. Ils font l'objet d'une inspection régulière pour s'assurer qu'ils ne sont pas endommagés.*

Quelles portées !

Le pont de la baie de Hangzhou, en Chine, et le pont Vasco-de-Gama, au Portugal, sont parmi les plus longs ponts du monde. Le pont de la baie de Hangzhou est le plus long pont traversant la mer, alors que le pont Vasco-de-Gama est le plus long pont d'Europe.

Le record chinois

Le pont de la baie de Hangzhou, long de 36 kilomètres, relie la ville la plus populeuse de Chine, Shanghai, et la ville de Ningbo. Le pont traverse la baie de Hangzhou, une partie de l'est de la mer de Chine, une zone où les courants sont très forts et qui est régulièrement frappée par des tempêtes tropicales. La plus grande partie du pont est constituée de courtes sections reposant sur des piles ancrées au fond marin. Toutefois, deux parties du pont sont plus élevées et sont soutenues par des câbles suspendus à des tours. Ces travées haubanées n'ont pas de support sous le tablier, ce qui permet aux navires de passer en dessous.

MÉGAFAIT

Près de 600 experts ont travaillé pendant 9 ans à la conception du pont de la baie de Hangzhou, car l'endroit où l'on souhaitait le construire posait d'importantes difficultés.

▲ Le pont de la baie de Hangzhou permet à une autoroute à six voies de traverser la mer. Ouvert en 2008, il est conçu pour durer 100 ans.

Le pont Vasco-de-Gama a été ouvert en 1998, juste à temps pour que puissent l'emprunter les visiteurs de l'Exposition universelle de 1998, qui célébrait le 500ᵉ anniversaire de la découverte par Vasco de Gama d'une route maritime entre l'Europe et l'Inde. ▼

Le plus long d'Europe

Le pont routier Vasco-de-Gama enjambe le fleuve Tage, près de Lisbonne, la capitale du Portugal. On l'a nommé en l'honneur du célèbre explorateur portugais, Vasco de Gama. Comme le pont de la baie de Hangzhou, la plus grande partie de ce pont de 17,2 kilomètres est constitué de courtes sections, avec une section soutenue par des câbles suspendus à de hautes tours. Les pieux (appuis souterrains) sur lesquels les tours sont posées descendent à 95 mètres sous le niveau de la mer. Comme tous les ponts super longs, le pont Vasco-de-Gama suit la courbe de la surface de la Terre. Il a été conçu pour résister aux séismes et aux vents des ouragans.

La chaussée du lac Pontchartrain, en Louisiane, aux États-Unis, a été jusqu'en 2010 le plus long pont sur l'eau au monde. D'une extrémité à l'autre, il mesure 38,4 kilomètres. Il est si long que, en raison de la courbe de la surface terrestre, quelqu'un qui se tiendrait à un bout ne pourrait apercevoir l'autre bout. La chaussée enjambe le lac Pontchartrain, le deuxième plus grand lac d'eau salée aux États-Unis. La ville de La Nouvelle-Orléans est située sur la rive sud du lac.

Des ponts jumeaux

Cette chaussée est en fait constituée de deux ponts placés côte à côte. Le premier pont a été terminé en 1956. Il s'est avéré si populaire que, en 10 ans, plus de 3 000 véhicules l'empruntaient quotidiennement. Un second pont a été construit à côté et a été inauguré en 1969. Les ponts sont reliés en sept points, pour permettre aux véhicules de passer de l'un à l'autre en cas d'urgence. Il y a aussi des ponts-levis, appelés «**ponts basculants**», qui s'ouvrent pour laisser passer les bateaux.

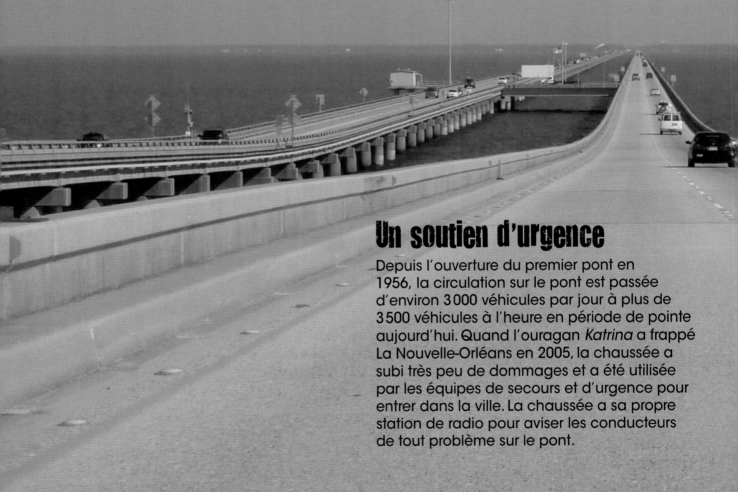

Un soutien d'urgence

Depuis l'ouverture du premier pont en 1956, la circulation sur le pont est passée d'environ 3 000 véhicules par jour à plus de 3 500 véhicules à l'heure en période de pointe aujourd'hui. Quand l'ouragan *Katrina* a frappé La Nouvelle-Orléans en 2005, la chaussée a subi très peu de dommages et a été utilisée par les équipes de secours et d'urgence pour entrer dans la ville. La chaussée a sa propre station de radio pour aviser les conducteurs de tout problème sur le pont.

La chaussée du lac Pontchartrain

longueur : 38,4 kilomètres

◄ *Un pont basculant s'ouvre pour laisser passer les bateaux. Des défenses protègent le pont des chocs causés par les bateaux qui passent. Un système de radar alerte les autorités lorsqu'un bateau s'approche à moins de 1,6 kilomètre du pont.*

▼ *Les travées jumelles de la chaussée du lac Pontchartrain disparaissent à l'horizon. En roulant à 115 kilomètres à l'heure, il faut plus de 20 minutes pour traverser le pont.*

MÉGAFAIT

La chaussée du lac Pontchartrain est tellement longue qu'elle représente un millième de la circonférence de la Terre.

Les métros

Les systèmes ferroviaires qui serpentent dans un réseau de tunnels souterrains sont appelés «métros». Ils permettent de transporter rapidement des passagers d'un bout à l'autre d'une ville achalandée, car les trains ne sont pas ralentis par les embouteillages et le mauvais temps qui règnent à la surface.

Les premiers tunnels de métro ont été construits en utilisant la méthode de tranchée couverte. On creusait d'abord un vaste fossé au milieu d'une rue, puis on reconstruisait la rue au-dessus du tunnel. Aujourd'hui, les tunnels de métro se trouvent parfois à plus de 60 mètres sous la surface.

Le métro de New York

Au fil des ans, les tunneliers sont devenus beaucoup plus efficaces. La machine qui a creusé la nouvelle ligne de Second Avenue, dans la ville de New York, aux États-Unis, est aussi puissante que 12 avions gros porteurs et peut broyer de la roche sur une distance de 18 mètres par jour. Elle a été fabriquée vers 1980 et a été utilisée sur au moins quatre autres projets. Cette ligne de métro la plus récente devrait ouvrir en 2016.

▲ *Ce tunnelier a été utilisé pour la construction de lignes de métro dans la ville de New York, dans les années 1930.*

Passer à l'électricité

Londres a été la première ville du monde à avoir un chemin de fer souterrain. La première section, la ligne Metropolitan, a ouvert en 1863. Aujourd'hui, le réseau compte 11 lignes, parcourant plus de 400 kilomètres. La ligne Northern est la plus profonde : à certains endroits, elle se trouve à 70 mètres sous la surface. Rapidement, on a utilisé des trains électriques, qui ne produisent pas de fumées asphyxiantes comme les machines à vapeur.

6 CARS – BOARD
PLATFORM 1

▶ Les inondations représentent un problème dans les réseaux de métro. Plus de 30 millions de litres d'eau sont retirés chaque jour du métro de Londres.

▲ Le système de métro de San Francisco, surnommé « BART » (Bay Area Rapid Transit), dispose de la technologie Wi-Fi qui permet aux passagers d'avoir accès à Internet dans les trains.

Des échecs et des accidents

Les ingénieurs comprennent les forces qui agissent sur les tunnels et les ponts, mais il arrive que ces énormes constructions les surprennent. Des accidents peuvent survenir aux structures les mieux conçues. Les personnes qui conçoivent les ponts essaient de créer des ponts assez flexibles pour absorber les mouvements causés par les vents forts et la circulation, mais assez solides pour rester debout et être sécuritaires pendant plusieurs années.

Le pont Wobbly

Quand le pont du Millenium, une passerelle qui enjambe la Tamise, à Londres, au Royaume-Uni, a été inauguré en 2000, il oscillait tellement qu'on l'a surnommé «le pont Wobbly» (signifie «qui tremble, qui bouge» en anglais). Le problème était causé par un phénomène appelé «synchronisation forcée latérale». Quand des gens marchaient sur la passerelle, leurs pas le faisaient osciller légèrement d'un côté à l'autre. Dès qu'ils sentaient ce mouvement, les gens ne pouvaient s'empêcher de marcher au rythme du balancement, ce qui en augmentait l'ampleur. Le pont a été fermé, le temps d'installer des dispositifs appelés «amortisseurs» pour régler le problème d'oscillation.

▶ *Les câbles qui soutiennent la passerelle du Millenium, à Londres, sont placés non pas au-dessus, mais de chaque côté du pont.*

MÉGAFAIT

En 1879, une partie d'un pont ferroviaire qui enjambait le fleuve Tay, en Écosse, s'est effondré pendant une tempête. Un train de passagers qui traversait le pont est tombé dans le fleuve.

Au feu !

Dans les tunnels, les incendies représentent un grave danger. En 1999, un camion a pris feu dans le tunnel du mont Blanc, qui passe sous cette plus haute montagne d'Europe de l'Ouest. L'incendie s'est répandu si rapidement dans le tunnel que 39 personnes ont perdu la vie. Au cours des trois années qui ont suivi, des abris, des revêtements muraux résistants au feu, des extracteurs à fumées et une caserne de pompiers ont été construits pour rendre le tunnel plus sécuritaire.

Le pont « Galloping Gertie »

Quand un pont suspendu qui traversait le détroit de Tacoma, dans l'État de Washington, aux États-Unis, a été ouvert le 1er juillet 1940, il bougeait tellement sous l'effet du vent qu'on l'a surnommé Galloping Gertie. Quatre mois plus tard, le mouvement de torsion du pont était tellement prononcé qu'il a fini par se briser. L'effondrement a été causé par un phénomène appelé « flottement aéroélastique ». Quand le pont s'est mis à bouger dans le vent, son élasticité l'a fait se tordre d'un côté et de l'autre, jusqu'à ce qu'il se brise en morceaux.

◀ *Le tablier du pont du détroit de Tacoma pend, en morceaux. Un vent de seulement 64 kilomètres à l'heure a causé une telle torsion du pont que celui-ci s'est rompu.*

Les ponts et les tunnels de l'avenir

Les ponts et les tunnels les plus longs aujourd'hui en service sont des merveilles techniques, mais on planifie la construction de liens encore plus longs. Parmi ceux-ci, on trouve des ponts qui pulvériseront les records établis par les ponts actuels. Une grande partie des nouveaux ponts seront construits en Extrême-Orient, particulièrement en Chine. Celle-ci est devenue un pays riche qui souhaite relier ses grandes villes et faciliter, pour ses entreprises, le déplacement des personnes, du matériel et des produits entre les villes et les ports.

Le pont du Béring

L'un des projets les plus ambitieux est la construction d'un pont qui relierait la Russie et les États-Unis, en traversant le détroit de Béring. Le pont pourrait comporter une route, des voies ferrées et des pipelines pour le transport du pétrole et du gaz naturel. Il faudrait trois ponts pour traverser le détroit : un de la Russie aux îles Diomède, un entre les îles, et un troisième depuis les îles jusqu'en Alaska, aux États-Unis. Deux des trois ponts devront être plus longs que le pont de la baie de Hangzhou, en Chine, qui est aujourd'hui le plus long pont au monde.

▲ *Un pont qui traverserait le détroit de Béring aurait en tout 88 kilomètres de long et passerait par-dessus les îles Diomède, situées au milieu du détroit.*

De Zhuhai à Hong Kong

Le pont Hong Kong-Zhuhai-Macao, en Chine, aura 50 kilomètres de long, dont 35 kilomètres au-dessus de la mer. Ce projet de grande envergure comprendra un tunnel sous-marin, deux îles artificielles et une série de ponts. Aujourd'hui, il faut environ trois heures pour traverser la rivière des Perles, depuis Zhuhai ou depuis Macao jusqu'à Hong Kong. Quand il ouvrira en 2016, le nouveau lien permettra de faire le trajet en 30 minutes.

Le pont du Fehmarn Belt

D'ici 2018, il se peut que les voitures et les trains puissent passer du Danemark à l'Allemagne en traversant un pont ou en empruntant un tunnel. La décision devrait être prise en 2013. Si l'on choisit de construire un pont, le lien de 20 kilomètres, le pont du Fehmarn Belt, aura une autoroute et 2 voies ferrées. Le trajet qui prend aujourd'hui environ une heure en traversier pourrait alors être fait en 15 minutes.

▼ *Le pont du Fehmarn Belt aurait deux tabliers, l'un au-dessus de l'autre : un pour le trafic routier et l'autre pour les trains.*

MÉGAFAIT

Un pont qui enjamberait le détroit de Béring reposerait sur 220 piles érigées dans l'eau glacée et renforcées pour les protéger des impacts des icebergs.

Glossaire

allée piétonne
Partie d'un pont routier réservée aux piétons.

ancrage
Énorme structure de béton qui retient les câbles d'un pont suspendu.

béton armé
Béton dans lequel on a inséré un treillis d'acier ou des tiges pour le rendre plus résistant.

culée
Énorme bloc de pierre ou de béton qui maintient une arche en place.

détroit
Bras de mer entre deux côtes.

draguer
Recueillir des cailloux, de la boue ou du limon sur le fond marin.

maçonnerie
Toute structure construite avec des briques ou des blocs de pierre ou de béton.

passerelle
Trottoir ou structure semblable à un pont, habituellement en hauteur, qui relie deux parties d'un immeuble.

pile
Pied qui supporte une partie d'un pont.

pont basculant
Type de ponts-levis qui s'ouvre vers le haut, le poids du pont étant équilibré par un gros poids, appelé «contrepoids».

poutre
Plaque solide, longue et épaisse, habituellement en acier, en métal, en bois ou en béton, utilisée dans la construction de ponts et d'autres grandes structures.

réservoir
Lac artificiel utilisé pour emmagasiner de l'eau. Un réservoir peut être créé en construisant un barrage sur une rivière.

rivet
Tige de métal qui sert à assembler des poutres d'acier.

suspente
Câble vertical ou chaîne qui relie le tablier d'un pont suspendu aux câbles porteurs.

tablier
Partie d'un pont sur laquelle les gens circulent pour le traverser.

tunnelier
Immense véhicule muni d'une tête de forage rotative qui sert à creuser des tunnels. Les tunneliers sont souvent fabriqués sur mesure pour creuser un tunnel d'une certaine dimension.

viaduc
Pont constitué d'une série d'arches ou de poutres reposant sur des supports.

Les 5 plus longs ponts et tunnels

Ponts	Emplacement	Ouverture
1. Pont Haiwan	Chine	2011
2. Chaussée du lac Pontchartrain	États-Unis	1956, 1969
3. Pont du marais de Manchac	États-Unis	1970
4. Pont du Yangcun	Chine	2007
5. Pont de la baie de Hangzhou	Chine	2007
Tunnels		
1. Tunnel de Seikan	Japon	1988
2. Tunnel sous la Manche	Angleterre-France	1994
3. Tunnel de base de Lötschberg	Suisse	2007
4. Tunnel ferroviaire de Guadarrama	Espagne	2007
5. Tunnel Iwate-Ichinohe	Japon	2002

Pour aller plus loin

Y a-t-il un cours d'eau près de chez toi? Quel type de ponts construirais-tu pour le traverser?

À ton avis, pourquoi la plupart des plus longs ponts du monde sont-ils des ponts suspendus? Pourquoi ne sont-ils pas des ponts à arches ou des ponts-poutres?

Pourquoi des soldats rompraient-ils le pas (ne marcheraient-ils pas au même rythme) en traversant un pont?

Réfléchis aux raisons pour lesquelles on construit les ponts et tunnels les plus longs. Serait-il moins coûteux, plus facile et plus rapide de construire une route par-dessus ou autour d'une montagne que de construire un tunnel?

Des sites utiles

www.planete-tp.com
Dans la section «Ouvrages» de ce site, tu trouveras une mine d'informations sur les ponts, les tunnels et d'autres types de constructions.

www.confederationbridge.com/fr/about/confederation-bridge.html
Pour tout savoir sur le pont de la Confédération, reliant les provinces de l'Île-du-Prince-Édouard et du Nouveau-Brunswick, le plus long pont au monde surplombant des eaux prises par les glaces en hiver.

L'information sur ces sites Web est exacte au moment de l'impression. Toutefois, l'éditeur décline toute responsabilité pour tout renseignement ou tout lien contenu dans les sites Internet de tierces parties.

Index